XIX

DE LA

JUSTICE DE PAIX

EN ALGÉRIE

PAR

UN MAGISTRAT ALGÉRIEN

Justitia et pax osculata sunt.
Psalm.

CONSTANTINE

IMPRIMERIE ET LIBRAIRIE DE Vᵉ F. GUENDE

1862

XIX

DE LA

JUSTICE DE PAIX

EN ALGÉRIE

PAR

G. PRÉGIER

Président du Tribunal de 1re instance de Setif

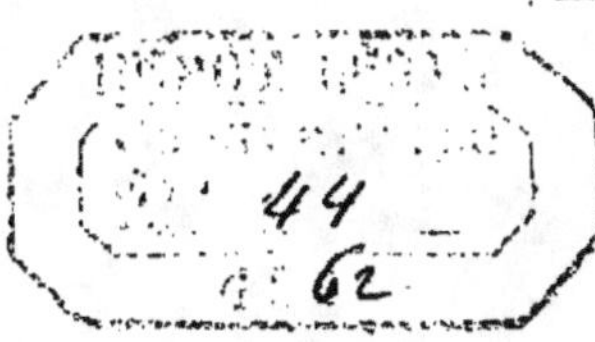

Justitia et pax osculata sunt.
Psalm.

CONSTANTINE

IMPRIMERIE ET LIBRAIRIE DE Vᵉ F. GUENDE

1862

Ce que la Justice de paix doit être pour la France : — une des plus belles et plus utiles institutions judiciaires, — à plus forte raison doit-elle l'être pour l'Algérie.

Ici, plus encore qu'en France, prévenir et étouffer les procès, est chose d'intérêt général, et, à bien des égards, d'ordre public.

Qu'est-ce, en effet, que plaider?

C'est, pour l'une *ou* pour l'autre des parties contestantes, quand ce n'est pas pour l'une *et* pour l'autre, — presque toujours un malheur, — quelquefois une faute, — souvent une fatale ou mauvaise inspiration, — plus souvent une source d'inquiétude, un levain de discorde, un ferment de désunion, — toujours un fait fécond en résultats funestes.

Qu'est-ce encore que plaider?

Plaider, — c'est, dans tous les cas, la tranquillité troublée ou compromise, du temps et de l'argent perdus, des peines et des soins mal employés ou détournés de leur but naturel et normal.

Plaider, c'est donc tout à la fois un mal moral, et, si je puis ainsi parler, *pécuniaire* et *économique*.

Sous ce double rapport, il importe et à l'intérêt privé et à l'intérêt public d'en extirper le germe, d'en entraver le développement, d'en arrêter la contagion, ou d'y apporter un prompt, facile et peu dispendieux remède.

De là, la *Justice de paix;* de là, sa mission éminemment con-
ciliatrice.

Or, nulle part , plus que dans une colonie, ne doit régner
l'union entre les citoyens, nulle part toutes leurs ressources
morales, intellectuelles, physiques, ne doivent être plus soi-
gneusement et plus exclusivement consacrées au progrès général de l'individu et de la société.

C'est que, pendant longtemps, tout y est à créer, à réformer,
à perfectionner et, jusqu'à ce que la colonisation, et quelquefois, comme en Algérie, la civilisation y ait atteint un degré
avancé, il est nécessaire que tous les éléments de l'activité privée et publique concourent de concert, paisiblement, harmo-
quement et incessamment , au développement de la prospérité
de chacun et de tous.

Mais un procès, cela ne se conteste pas, c'est, dans la sphère
des intérêts privés, la guerre qui rompt la paix, la discorde
qui brise l'harmonie, l'obstacle qui arrête le mouvement, —
un procès enfin, c'est ce qui rend impossibles ou paralyse les
conditions indispensables de ce concours.

Or, ce qui n'est pas moins incontestable, c'est que la sphère
des intérêts privés et civils est voisine de celle des intérêts pu-
blics et politiques, et que celle-ci n'est, à tout prendre, autre
chose que celle-là multipliée par elle-même, et, si je puis ainsi
parler, totalisée et résumée dans cette unité collective et su-
périeure qu'on appelle l'État.

Donc, l'institution qui a pour but de maintenir ou de rame-
ner la paix, la concorde, le mouvement — nécessaires au déploiement intégral de l'activité individuelle et sociale, est une
institution d'ordre public, une institution politique et sociale.

Donc encore, c'est dans les pays où cette activité a le plus
besoin de ce libre déploiement qu'elle doit surtout revêtir ce
triple caractère.

Cette conclusion est l'idée-mère de cette *Etude* sur la *Justice
de paix* en Algérie.

Successivement, et pendant près de quatre ans, juge de paix
à Blidah, à Oran, à Alger, nous voudrions faire connaître, aimer et pratiquer, dans les limites de nos forces, ce que l'expé-

rience nous a appris à connaître, à aimer et à pratiquer nous même.

Nous avons écrit ceci de l'*abondance* de notre cœur.

Nous l'adressons à tous ceux qui en ont un capable de sentir ce qu'il y a de beau, et de vouloir ce qu'il y a de bon dans la plus philanthropique et la plus salutaire institution que nous ait léguée notre *grande* Assemblée Constituante.

Ceux-là, mais ceux-là seulement comprendront ce qu'il y a de vrai et d'utile dans cette Étude.

Philippeville, le 17 avril 1862.

C. FRÉGIER.
Président du Tribunal de 1ʳᵉ Instance de Sétif.

DE LA JUSTICE DE PAIX

en Algérie.

I.

Nos faibles *Essais* sur la législation de l'Algérie ont rencontré dans l'esprit public une sympathie et même une communauté d'idées, qui nous engagent à publier successivement, sous une forme aussi simple que précise, et avec une grande sobriété de détails, une série d'études sur les principales questions d'intérêt général, se rattachant à l'organisation judiciaire et à la législation de la Colonie. Une magistrature fortement constituée, une législation parfaitement appropriée aux besoins de l'Algérie, ne sont pas, à nos yeux, un des moindres éléments d'un avenir grand et prospère, et nous serions heureux de contribuer à ce résultat, en provoquant par nos *Études* le progrès et l'amélioration de notre système judiciaire et législatif.

Le moment fut-il jamais plus favorable à la libre et franche manifestation de toutes pensées propres à imprimer à l'ensemble de notre législation et de notre organisation judiciaire, un essor inconnu, mais impossible jusqu'à ce jour ?

Qui pourrait nier, en effet, que l'Algérie de 1862 ne soit comme en travail de rénovation, nous dirions volontiers, de régénération générale ? — A peine sortie des langes de l'enfance, la voilà qui s'empresse avec une légitime ardeur, mais avec trop de précipitation peut-être, de revêtir la robe prétexte de la jeunesse, et de jouir des douceurs d'une émancipation impatiemment attendue ! Grâce à l'énergique et toute-puissante initiative du Chef de l'État, et au concours non moins intelligent qu'actif des hommes à qui sont confiées ses destinées, il s'agit enfin pour elle de s'élancer, forte et résolue, sans imprudence et sans légèreté, dans la voie qui lui est frayée, et qui doit, avant peu, la conduire à la virilité. Mais pour cela, elle ne saurait trop prêter l'oreille à tout ce qui lui sera dit par ceux qui l'aiment sans la flatter, sincèrement, comme il sied à des hommes pleinement dévoués à sa véritable prospérité et à son véritable bonheur. — C'est ainsi que, pour notre compte, nous entendons le rôle d'un écrivain algérien, rôle difficile et délicat sans doute, mais rôle éminemment utile ! — Sans prétendre, avec certains esprits mécontents et moroses, qu'en général tout est encore à faire, tout est encore à créer dans notre colonie, nous n'en croyons pas moins qu'il y a encore beaucoup à faire et beaucoup à créer.

Dans l'administration, dans la magistrature, dans l'agriculture, dans le commerce, dans l'industrie, que d'idées à émettre ! Que de projets à élaborer ! Que d'améliorations à introduire ! Que d'institutions à fonder ou à perfectionner !

Que de travaux à exécuter! En un mot, que de progrès à accomplir! Pour qui veut apporter son grain de sable à l'édifice du bien public, quel plus vaste champ à parcourir, quelles mines plus fécondes à exploiter?

Que, docile à de graves et éloquents conseils, quiconque a l'honneur de parler ou d'écrire sur l'Algérie, renonce donc à ces petits démêlés, à ces guerres domestiques et personnelles dont tant de fois il entretint peut-être ses lecteurs! Qu'il leur dise un éternel adieu, pour ne plus s'occuper désormais que des grandes questions d'intérêt public! Et bientôt, nous en sommes intimement convaincu, ses discours ou ses écrits seront ou deviendront ce qu'ils n'eussent jamais dû cesser d'être, — le drapeau du progrès de la colonie, — le véhicule de toutes les idées, — l'instrument de circulation de l'opinion publique, — les auxiliaires et les collaborateurs de quiconque, sans distinction de titres, de costumes, de rangs ou de fonctions, est préposé au gouvernement et à la direction de l'Algérie!

Pour nous, nous ne sommes, comme aurait dit Montaigne, qu'un loyal chercheur d'utiles vérités, et, sous la seule inspiration de notre dévouement pour l'Algérie, nous nous faisons un devoir sacré d'offrir à tout venant les vérités que nous croyons avoir trouvées. — Tel est notre mobile et notre but.

Voilà pourquoi nous allons tenter l'esquisse d'une magistrature appelée, suivant nous, à rendre en Algérie, plus encore qu'en France, les plus nombreux et les plus importants services, et que notre système d'organisation judiciaire a placée, à tort, sur le plus bas degré de la hiérarchie judiciaire, et sur le seuil, plutôt que dans le sanctuaire même, du temple de la justice.

Qu'est-ce qu'un juge de paix? — Que doit-il être? — Que penser de l'organisation actuelle de la justice de paix en France et en Algérie (1)? Ne conviendrait-il pas, en ce qui concerne spécialement l'Algérie, de modifier et d'étendre, dans le sens d'une plus efficace et plus large application de cette institution, les règles générales qui la gouvernent?

II.

Et d'abord, qu'est-ce qu'un juge de paix?

Un magistrat chargé de juger, dans certaines limites, et surtout de concilier, dans certains cas, les plaideurs ou les parties qui se présentent devant lui.

S'il juge, — sa juridiction tantôt sans appel, tantôt en premier ressort seulement, se renferme dans un cercle de contestations généralement peu importantes, ou d'une nature telle qu'il les juge plutôt par des considérations de fait que par des raisons de droit, — par des motifs d'équité, plutôt que d'après les principes d'une rigoureuse justice.

D'où la conséquence que législateur et justiciables voient en lui, tant sous le rapport de la nature des litiges, objet de ses décisions, que sous celui de l'étendue de sa compé-

---

(1) Nous ne parlons ici que de la justice de paix à compétence ordinaire ou restreinte. — La justice de paix à compétence étendue sera le sujet d'une *Étude* spéciale.

tence, un magistrat d'un ordre inférieur, qui est bien moins un juge proprement dit qu'un véritable arbitre.

S'il concilie, — peu importe la valeur des intérêts soumis à son appréciation purement gracieuse et facultative! L'ascendant de sa parole, l'autorité de ses conseils, la sagesse de ses prévisions, l'influence de son expérience ne connaissent aucunes bornes; — il n'est ni le juge ni l'arbitre des parties; il est moins et plus que cela; il est leur médiateur; et, s'il est assez heureux pour les dissuader de se jeter dans les mille incertitudes et les mille inconvénients d'un procès, s'il parvient à régner sur leurs volontés et leurs prétentions respectives, de manière à les accorder et à les fondre dans un arrangement ou une transaction entièrement libres et jusqu'à un certain point spontanés, il a rempli la plus belle, et, ne craignons pas de le dire, la plus délicate et la plus utile partie de sa noble mission.

Dans le premier cas, il a une juridiction *contentieuse* et forcée;

Dans le second cas, une juridiction, ou, plus exactement, une action toute gracieuse et volontaire.

Juge, il décide, il commande, il ordonne; — il prononce un jugement; médiateur, il invite, il accueille, il rapproche: il opère une conciliation.

Comme juge, il termine, ordinairement sans appel, promptement, équitablement, presque toujours sans frais et sans le ministère d'un tiers, avocat, avoué ou défenseur, une foule de litiges trop minimes, trop vulgaires, ou trop urgents pour pouvoir toucher la barre du tribunal supérieur: il *tranche* le nœud du procès.

Comme conciliateur, il prévient ou éteint par une sorte de transaction, nous allions dire de traité de paix avant la guerre, des différends sur le point d'être portés dans le prétoire de la juridiction appelée à les juger.—Au lieu de trancher le nœud, il le *délie*.

Et c'est parce qu'il a tout à la fois le mandat de trancher et de délier, de juger et de concilier, d'être arbitre de la guerre et arbitre de la paix entre les parties, qu'on le nomme *juge de paix*.

Voilà donc ce qu'il est, en vertu des lois organiques de son institution. Voyons maintenant ce qu'il doit être en vertu des lois de sa conscience de magistrat.

III.

Ne craignons pas de l'affirmer bien haut, de nos institutions judiciaires et particulièrement de la justice de paix, on peut et on doit dire ce que la sagesse des nations a justement dit de toutes les institutions en général : « Tant vaut l'homme, tant vaut l'institution elle-même » et de même que les lois sont impuissantes sans les mœurs de ceux qu'elles régissent, de même les institutions ne seraient qu'une lettre morte, une abstraction vide de sens, une vaine théorie, sans le concours intelligent et dévoué des hommes destinés à les représenter, à les pratiquer, à les réaliser, et, si l'on peut ainsi parler, à les incarner en leur personne.

Or, il est trois manières d'apprécier les institutions judiciaires ; — car on peut les considérer au point de vue de leur passé, de leur présent et de leur avenir.

L'une — privilége trop rare et trop exclusif des érudits et des savants qui, dans l'étude de l'histoire générale, et en particulier de l'histoire du Droit, s'attachant, avant tout, aux faits et à leur développement purement historique, se plaisent à remonter à l'origine des institutions, à en décrire les diverses phases, et à en suivre les progrès à travers les siècles, — vous apprend ce qui a été. — Elle interroge le passé !

L'autre — qui convient principalement au légiste et au magistrat, — consiste à connaître plus ou moins profondément les documents législatifs ou juridiques relatifs à une institution, et, sans trop se préoccuper de ce qu'elle fut ou pourra être — ne va guère au-delà de ce qui est. — Elle interroge le présent.

La dernière — noble apanage du publiciste, du philophe et du jurisconsulte, seuls dignes de ce nom, recherche et analyse les éléments légaux et la valeur morale des institutions qu'elle étudie, les réunit dans une synthèse également théorique et pratique, — et s'adressant tout à la fois, à l'histoire, pour en recueillir les renseignements, — à la lettre des lois, pour en saisir le sens, à l'esprit du législateur, pour en comprendre la puissance et la force et en tirer toutes conséquences juridiques, philosophiques et sociales, — de ce qui a été conclut à ce qui est, par ce qui est, pressent ce qui peut être, et sans sacrifier ni le présent, ni le passé, s'efforce surtout de préparer l'avenir.

Aux partisans de la première méthode, nous nous contenterons de citer les lois des 24 août, 14, 18, 26 octobre 1790, 6 et 7 mars 1791, 25 mai 1838 et juin 1855.

A ceux qui préféreraient la seconde, il nous suffira d'indiquer l'ouvrage d'Henrion de Pansey sur la compétence des juges de paix, et le commentaire de M. Victor Foucher, sur la loi de 1838.

Pour nous, nous adoptons sans hésiter la troisième. Ce fut celle de Cicéron, qui la célébrait sous le nom glorieux de *prœpotens philosophia*. Ce fut celle de Montesquieu dans son immortel chef-d'œuvre. C'est celle de l'illustre Chef de la Cour suprême qui l'a si bien définie : un besoin des intelligences. Ce sera la nôtre, et nous la suivrons pas à pas dans tout le cours de ces Esquisses. Guidé par elle, et empruntant nos principales couleurs à l'histoire, à la philosophie et aux textes, nous essaierons de peindre à larges traits l'idéal de tout vrai magistrat, et en premier lieu du vrai juge de paix.

IV.

Qui ne connaît les conditions indispensablement requises de quiconque aspire à l'honneur d'entrer dans les rangs de la magistrature judiciaire !

Une tenue décente, mais sans recherche ;

Un extérieur grave, mais sans affectation ;

Une position de fortune, une consistance sociale, garantie matérielle de la sincérité de ses convictions et de l'impartialité de ses opinions et de ses actes ;

Une bonne réputation, une probité intacte, une irréprochable moralité ;

La constante fréquentation de gens honorables et honorés ;

La fuite incessante de toutes personnes pouvant directement ou indirectement porter atteinte à sa réputation et à son honneur ;

L'éloignement — sans orgueil et sans morgue — de tous lieux et de toutes assemblées incompatibles avec la dignité de l'homme ou le devoir du n...istrat ;

Une certaine culture littéraire, une suffisante initiation à la théorie et à la pratique du Droit ;

Une vocation éprouvée, non équivoque — l'amour de son état, — un grand fond de délicatesse — le dévouement à ses fonctions ;

Et, par-dessus tout, une conscience droite et inébranlable, un jugement solide, une force de volonté qui ne plie que devant le droit, une indépendance d'esprit qui ne subisse d'autre influence que celle de la vérité, et d'autre empire que celui de la justice ;

Mais, indépendamment de ces conditions imposées à tout magistrat, que d'autres qualités intellectuelles et morales ne doit pas réunir le juge de paix, ce juge *unique*, ce magistrat singulier, *sui generis*, si semblable aux autres magistrats et sur tant de choses leur ressemblant si peu, — ce fonctionnaire d'un ordre à part, revêtu de fonctions tout à la fois judiciaires et conciliatrices, publiques et, pour ainsi dire, domestiques, — d'une juridiction tantôt contentieuse et forcée, tantôt gracieuse et volontaire, — d'un pouvoir tour à tour rigoureux et inflexible, doux et paternel ; — aujourd'hui juge de droit, — demain juge d'équité, — appelé, à l'instar des premiers évêques de l'Eglise chrétienne, à empêcher de plaider, plutôt qu'à laisser plaider devant lui, — vrai ministre de paix et de charité, — obligé par la loi et plus encore par sa conscience, de prévenir, *d'accomoder*, d'étouffer les contestations et les procès, d'entretenir ou de ranimer l'union et de la concorde parmi des concitoyens dont il est en même temps et le juge, et le conciliateur, et le conseil, et l'ami — *pacis præses, miacitiæ custos, disceptator domesticus!*

Or, ce magistrat, ce juge, ce fonctionnaire, comment remplira-t-il tant de grands, difficiles et multiples devoirs? Que ne lui faudra-t-il pour s'acquitter dignement de fonctions si nombreuses et si diverses? Sera-ce trop pour lui de posséder : —

Un caractère doux et paisible — indulgent sans faiblesse, ferme sans excès de sévérité — une parfaite égalité d'humeur;

Des habitudes actives et laborieuses qui ne lui laissent ni trève ni repos, et qui, de même que César, l'inclinent à penser qu'il n'a rien fait, tant qu'il lui reste quelque chose à faire;

Un air simple et digne, gracieux, ouvert et prévenant, qui inspire, attire, commande le respect, la sympathie et la confiance;

Une parole sincère et grave, mais insinuante et amicale, qui sache, suivant les circonstances, toucher, calmer, fléchir, persuader et convaincre;

Un ensemble, plus aisé à comprendre qu'à décrire, de manières et procédés — tenant autant de l'homme bien élevé que du père de famille et du magistrat, — et qui fassent de lui l'homme de tous et de chacun, sans acception d'éducation, de fortune ou de position;

Une prudente *accessibilité*, nous dirions volontiers une

familiarité circonspecte, qui ne rebute et n'intimide personne, qui le rende doux, *accostable* (1) et accessible à tous, appelle à lui tout le monde, et qui à toute heure et partout, permette d'invoquer utilement son ministère;

Une réputation exemplaire d'homme consciencieux, juste et équitable, au-dessus de tout blâme, et même de tout soupçon, — une considération universelle, fondée sur sa conduite privée et publique, sur la loyauté de son caractère, les lumières de son esprit et l'impartialité de ses actes et de ses décisions;

Une intelligence capable de saisir avec une égale facilité et les questions de droit et les questions de fait; assez flexible pour se mettre à la portée de l'homme instruit, comme de l'homme ignorant, de l'habitant des villes, comme de l'habitant des campagnes, et assez chrétienne pour ne jamais dédaigner de se plier aux circonstances et de se faire *toute à tous*, à l'exemple de l'Apôtre des nations;

Une connaissance, sinon profonde, tout au moins assez avancée de tout ce qui, de près ou de loin, touche à l'institution des justices de paix, et spécialement aux règles de sa compétence, et à l'importante et difficile matière des *actions possessoires*;

Cette modération et ce tempérament d'idées qui concilient, dans des proportions harmonieuses, les rigueurs du droit strict avec les bénignes inspirations de l'équité;

Cette entente et cette pratique des affaires qui, d'un seul coup d'œil, et comme de prime abord, vous montre, vous fait discerner ce qu'il y a de vrai, de faux, de certain ou

______

(1) Expression de Laroche-Flavin, auteur des *Treize livres* du *Parlement de Tholoze.*

d'incertain dans les contraires *prétentions et dires* des parties, et vous permet presque toujours de juger ou de conconcilier, séance tenante et à l'instant, sans enquête, sans procédure, sans renvoi, et partant, sans préjudice pour les justiciables et pour la justice, — *intra parietes ;*

Cette sûreté de tact moral et juridique — cette expérience des hommes et des choses qui, aux traits du visage d'une partie, à l'expression de ses yeux, au son de sa voix, ou au simple énoncé de l'objet en contestation ou du point en litige, vous signale et vous désigne la difficulté à applanir, ou la question à juger ;

Ce désir d'épargner des frais et des lenteurs, qui force, en quelque sorte, l'homme qui a conscience de sa mission de conciliateur plus encore que de juge, d'acquérir toutes notions d'agriculture, d'industrie, etc., toujours utiles et quelquefois même nécessaires pour préserver ses justiciables du fléau des préparatoires et des interlocutoires ;

Cette étude quotidienne et féconde des mœurs, des passions, des préjugés, des intérêts et des préventions, mobiles ordinaires de tant de plaideurs, — sans laquelle l'esprit le plus intelligent ne verrait souvent que ténèbres, là où il lui importerait souvent le plus de faire la lumière, — en distinguant la bonne de la mauvaise foi, la loyauté et la simplicité, de la duplicité et de la fraude ;

Cette patience, véritable vertu des forts, qui ne précipite rien, qui ne brusque personne, qui entend, — *œquo animo,* sans murmure, sans colère, sans trépignements, sans ces marques d'emportement qui ne conviennent ni au juge, ni au magistrat de conciliation, — ces éclaircissements si obscurs, ces explications si compliquées, si longues, si fasti-

dieuses et si inutiles de certains plaideurs ignorants, chica-
niers, vétilleux et bavards.

Cet à-propos de bonnes, j'allais ajouter, de tendres et
paternelles paroles, et de salutaires conseils;

Cette simple et si nécessaire éloquence si puissante des
exhortations et des prières qui tombent d'une bouche
désintéressée, et sortent d'un cœur *exempt de tout soupçon,
amateur de la paix, conservateur et sévère observateur
d'icelle;* (1)

Cette habileté de langage et de procédés, — cette autorité de l'âge et du bon sens qui, sans autre contrainte que
celle de la raison, sans autre pression que celle de bons
adviz, sans autres armes que celle de la conviction, éclaire,
apaise, maîtrise, rapproche, concilie et unit des plaideurs
étonnés et heureux de se donner, en face de leur médiateur attendri, ce baiser fraternel de justice et de paix, gage
certain de réconciliation et de concorde;

Enfin, cette recherche assidue, continuelle, infatigable
de toutes *voyes et moyens* de *reculer* et *destourner les
hommes dès procez,* — l'office de *tout juge,* et *surtout
d'un juge conciliateur estant d'esgorger et faire mourir
toutes contentions et discordes entr'eux;* (2)

Voilà, si je ne me trompe, les qualités, et ne craignons
pas de dire le mot, les *vertus* d'un bon juge de paix !

V.

Et qu'on ne nous reproche pas d'en avoir tracé un por-

(1) Larochcflavin.
(2) Idem.

3

trait trop idéal et trop poétique, pour qu'il soit possible d'en trouver nulle part la vivante et pratique réalité! Qu'on se garde surtout de nous objecter que jamais — ni parmi les précurseurs de nos Juges de paix, — ni chez les *Defensores civitatis* des Romains, — ni chez les *Centenarii* des Capitulaires, ni chez *les bons anciens et sages Preud'hommes* du seizième siècle, — ni chez les Auditeurs du Châtelet, — ni chez les Officiers des bailliages, — ni même en Hollande, chez ces *Faiseurs de la paix* dont parle quelque part Voltaire, on ne rencontra l'original d'une aussi haute perfection!

Oui, sans doute! — et pourquoi ne l'avouerions-nous pas? Ce que le Sage se demandait de la femme forte, vous pourrez nous le demander de notre juge de paix: *Quis inveniet?* Qui le trouvera? Mais depuis quand, par cela seul qu'il n'est donné qu'aux rares Élus du génie de parvenir au faîte de la poésie, de l'éloquence, de la peinture, de l'astronomie, de la jurisprudence, faudra-t-il se résigner à une froide et stérile contemplation des Homère, des Démosthène, des Raphaël, des Newton, des Cujas! *Altè spectare volumus!* Ne sait-on pas qu'autre chose est tendre vers la perfection, autre chose est l'atteindre? Et suivant la fine et spirituelle remarque d'un Président normand, n'est-il pas des degrés en toutes choses? Contemplons, admirons, célébrons à l'envi, ces sublimes Héros de l'intelligence! c'est bien! — Mais, de grâce, faisons mieux encore! — Que chacun de nous, dans la mesure de ses forces, cherche à les imiter! — Ainsi le veut la raison, ainsi le veulent les plus légitimes aspirations de l'esprit humain! — Tout vrai progrès est à ce prix!

VI.

Au surplus, n'exagérons rien ! Ne nous laissons pas trop éblouir par l'éclat d'une couronne idéale, et que le grand nombre de ses fleurons n'en tienne pas trop éloignés les fronts *prédestinés* à la porter !

Résumons donc en quelques traits ce tableau des qualités et des vertus d'un bon juge de paix.

Elles peuvent rigoureusement se réduire à quatre, qui sont, jusqu'à un certain point, pour ce magistrat, ce que sont, pour l'homme moralement considéré, les vertus que l'*Ethique* païenne et la *Morale* chrétienne ont appelées *fondamentales*, parce qu'elles sont la base et comme la substance de toutes les autres:

Amour du devoir, — expérience de la vie, — notions pratiques du droit, — et, sur toutes choses, caractère conciliant.

Le Juge de paix aime t-il son devoir ? Il sera probe, moral, estimé, dévoué à ses fonctions, laborieux, zélé, recherchant religieusement le vrai, le juste, l'équitable, et plutôt que de rester en deçà, s'élancera quelquefois au-delà de la ligne qu'il doit atteindre, sous peine d'apathie et de négligence.

Est-il doué d'expérience, — telle que nous l'entendons ? Vous trouverez, ou tout au moins, pourrez espérer de trouver en lui, avec l'âge qu'elle suppose, connaissance suffisante des hommes et des choses; gravité, dignité, prudence, sûreté de coup d'œil, rapide discernement de la vérité d'avec l'erreur, don de persuasion, influence décisive d'utiles conseils.

Connaît-il le Droit? L'a-t-il déjà pratiqué? Est-il capable d'en faire une judicieuse application? Il possédera cette initiation juridique, cette connaissance suffisante de la Jurisprudence et cette entente des affaires, hors desquelles il n'est pas ou presque pas de bon *jugement*.

Enfin son caractère est-il conciliant? Soyez sûr qu'à la confiance et à l'accessibilité dont nous avons parlé, il joindra cet esprit d'équité, cette modération d'idées, ce tempérament d'appréciations, cette sagesse de vues, ces procédés sympathiques et persuasifs, sans lesquels pas d'arrangement possible, pas de *conciliation*.

Cela posé, et admettant comme principe certain, incontestable, et, si ce n'est par de rares et solitaires esprits, incontesté — que l'Algérie n'est pas encore la France, bien quelle ait le droit et le devoir de le devenir un jour, — demandons-nous ce que doit être un bon juge de paix en Algérie.

Nous n'hésitons pas à répondre : Tout ce que doit être un juge de paix en France, et, s'il est permis de le dire, quelque chose de plus encore.

VII.

Expliquons-nous, et pour démontrer la nécessité de ce *quelque chose*, faisons sommairement et dans ses rapports avec notre sujet, le parallèle de l'Algérie et de la France.

Qu'est-ce que la France ?

Un pays qui compte plus de dix-huit siècles d'organisation sociale, politique et administrative, — façonné de longue main à des institutions, à des mœurs et à des tendances uniformes et normales, à un état de choses plus ou moins constant et invariable — et qui contient une population homogène, compacte, solidement assise, — dont les éléments, divers et séparés dans l'origine, se sont, de temps immémorial, mêlés et confondus de manière à ne plus former qu'un seul et même élément.

Un pays dont tous ou presque tous les habitants pratiquent la même religion, vivent généralement du même fond d'idées morales, et parlent la même langue :

Un pays depuis longtemps parvenu à l'un des plus hauts degrés de la plus haute des civilisations — de la civilisation chrétienne ;

Un pays où, il faut bien l'avouer, le niveau général de la probité privée et de la moralité publique dépassera plus ou moins longtemps encore celui de toutes les Colonies françaises, sans en excepter l'Algérie ;

Un pays incomparablement moins fécond que la plupart des pays neufs, en hommes aventureux et résolus, qui trop souvent ne connaissent guère d'autre mérite que l'audace, d'autre vertu que le succès, et d'autre but que la richesse ;

Un pays où, grâce à l'antique constitution de la propriété et à des habitudes générales de bonne foi, les procès sont relativement rares, et les contestations peu nombreuses ;

Un pays, enfin, où tout, — institutions, mœurs, législation, vie publique, — repose sur les mêmes fondements, respire le même air, est entouré de la même atmosphère :

N'est-ce pas là la France, telle que l'ont léguée au dix-neuvième siècle, l'Eglise, la Royauté, et l'Assemblée constituante de 1789 ?

Et maintenant, voyons ce qu'est l'Algérie !

Un pays de création toute récente, depuis peu initié, et Dieu sait après quels tâtonnements, à la civilisation, à l'organisation et à l'administration de la France;

Un pays occupé çà et là, à de grandes distances, et sur quelques parties seulement de son territoire, par des populations pour la plupart flottantes, aussi multiples que diverses de nationalités, d'origines, de religions, de lois, de mœurs et de langage ;

Un pays qui n'a encore eu ni le temps ni la faculté d'arriver à cette unité de sentiments, de besoins et d'aspirations, condition essentielle d'une véritable opinion publique ;

Un pays où luttent face à face, quoiqu'avec des forces inégales, deux civilisations et deux religions différentes et hostiles ;

Un pays où, pour des causes faciles à comprendre, la loyauté et la bonne foi ne présidèrent pas toujours aux transactions civiles et commerciales, et sont même encore, à l'heure qu'il est, trop souvent aux prises avec la déloyauté et la fraude, sources fatales de procès et de contestations sans nombre ;

Un pays où se rencontrent çà et là encore des hommes des quatre coins du monde, et qui, comme *per fas et nefas*, veulent se créer ce qu'ils nomment une position sociale, se faire rapidement une fortune ;

Un pays, en un mot, où lois, mœurs et institutions, où

rien, relativement parlant, n'est uniforme, rien n'est un, rien n'est immuable et fixe.

Quel milieu plus propice à l'exercice progressif et complet de fonctions tout à la fois judiciaires et conciliatrices! quelle vaste et magnifique scène pour un juge de paix !

En faut-il davantage pour convaincre tout homme qui a vu ou connaît l'Algérie, que tout ce que devra posséder de qualités et de vertus un juge de paix de France, un juge de paix algérien devra, à plus forte raison, le réunir dans une plus large mesure et à un degré plus élevé ?

C'est là pour nous une vérité de sens commun, aussi évidente qu'un axiome, et d'où découlent plusieurs corollaires non moins évidents qu'elle.

Nous nous contenterons de signaler les principaux :

Ce sont :

L'*unicité* ou obligation pour le juge de paix de juger *seul* et sans auxiliaire ;

L'utilité pour ce magistrat d'un *noviciat* préalable ;

Les conditions particulières de capacité, d'âge et de position sociale qui lui sont imposées par la nature toute spéciale de ses fonctions et en vue de l'efficacité probable, sinon certaine, de son ministère ;

L'opportunité d'exiger de lui quelques aptitudes d'un genre à part ;

La nécessité de lui donner dans la hiérarchie judiciaire, une place qui, en même temps que la considération des justiciables, lui assure une honorable existence, juste récompense de ses travaux et de ses services, et lui permette d'espérer un avenir véritablement digne d'une noble et légitime ambition.

VIII.

De tous nos tribunaux, le tribunal de justice de paix est le seul qui ait un juge *unique*.

Il n'en fut pas ainsi dès l'origine. La loi du 24 août 1790 avait adjoint au juge de paix deux assesseurs chargés de juger et de concilier avec lui. Mais on comprit bientôt que, sous la peine de la condamner fatalement à être entravée dans sa marche par les lenteurs d'une délibération *à plusieurs*, et à se dépouiller ainsi d'un de ses plus beaux attributs, — la rapide, et, autant que possible, *immédiate* expédition des affaires, — il fallait ne confier qu'à un seul homme une juridiction telle que la justice de paix, — instituée à l'instar d'un tribunal de famille, et dont le principal but est de trancher ou de délier promptement des contestations et des différends qui s'élèvent entre des justiciables que le magistrat connaît, ou est présumé connaître, comme un père connaît ses enfants.

Assurément les mêmes motifs, et de plus puissants encore, militaient sous ce rapport en faveur de la complète assimilation de la justice de paix algérienne avec la justice de paix de la métropole. Aussi le principe de l'unité du juge, posé dès 1834 pour les tribunaux de première instance en Algérie, fut-il consacré en 1841 pour les justices de paix.

Mais un tribunal de paix représenté par un magistrat *unique*, qu'est-ce à dire? sinon que, réduit à ses propres lumières et à son propre fond, sans concours ni assistance de personne, ce magistrat sera tenu, soit comme juge, soit

comme conciliateur, de remplir l'une des missions plus difficiles, et, sans nul doute, la plus délicate des fonctions !

De là, plusieurs conséquences :

Quelle connaissance théorique et pratique du droit !
quelle exactitude et quelle justesse d'appréciation des faits
et circonstances d'une cause ! quelle pénétration, quel coup
d'œil rapide et exercé ne lui seront pas nécessaires !

Et qu'on ne dise pas qu'il n'aura le plus souvent à sta-
tuer que sur des affaires d'un mince intérêt ! — L'intérêt
d'un litige est chose relative ! — Ce qui n'a pas d'importance pour tel justiciable, peut en avoir beaucoup pour tel
autre. — Et puis, s'il est vrai, comme nous le croyons, que
la difficulté d'une sentence judiciaire se mesure bien moins
sur la valeur des intérêts en litige que sur leur nature et
sur la gravité des questions qu'ils soulèvent et des solutions
qu'ils réclament, qui ne voit que la tâche d'un juge unique, ce juge ne fût-il qu'un juge de paix, sera dans une
foule de circonstances, aussi difficile et aussi épineuse que
celle des magistrats composant les tribunaux civils et les
cours d'appel, et jouissant de la précieuse faculté de se
conseiller, de se consulter et de délibérer entre eux sur
leurs jugements, et sur leurs arrêts !

Voilà pour le juge.

Nous en dirons à peu près autant du *conciliateur*. —

Qu'on le sache bien ! concilier n'est pas besogne si aisée !
— Jurisconsulte, et, si nous osons le dire, avocat-consul-
tant de *clients*, quelquefois volontaires, plus souvent léga-
lement forcés, et toujours *contraires* en *faits* et en *prétentions*, il est facile de comprendre tout ce qu'il lui faudra
de raison, de science, d'expérience et de sagesse pour les

amener de plein gré à une conciliation véritablement préférable, pour chacun d'eux, au meilleur des procès.

Après cela, qu'on nous taxe, si l'on veut, de paradoxe! Qu'on nous accuse d'exagération! Nous le disons avec une conviction profonde : nous estimons qu'à certains égards, en France comme en Algérie, mais plus encore en Algérie qu'en France, le juge de paix des principales villes — (et à plus forte raison de siéges à compétence *étendue*) — restera presque toujours au-dessous de sa mission, — si, quoique juge unique, et précisément parce qu'il est juge unique, il ne remplit pas, pour le moins, autant de conditions intellectuelles et morales que la plupart des magistrats des autres juridictions.

Peut-être n'a-t-on pas assez réfléchi sur les conséquences émanant de l'obligation pour un magistrat de juger seul, alors surtout qu'ainsi que cela a lieu en Algérie, il est investi non-seulement des attributions normales des juges de paix, mais encore de pouvoirs extraordinaires qui font de lui une sorte de président de tribunal civil et correctionnel. Quelle responsabilité ne pèse donc pas sur sa tête! — responsabilité d'autant plus lourde et d'autant plus inévitable, qu'elle n'incombe qu'à lui seul, et l'expose, comme un point de mire, aux critiques, aux attaques, aux ressentiments et aux colères de justiciables justement autorisés à affirmer avec certitude que tel jugement est le fait personnel, l'œuvre tout entière de tel magistrat!

Mais ici, comme en toutes choses, le mal touche souvent au bien, et l'inconvénient coudoie l'avantage! Considéré comme juge, le magistrat de paix ne prononce pas toujours en premier ressort seulement. Dans la plupart des

cas, au contraire, il ne statue que sans appel. — Eh bien!
supposez un instant que dans les affaires présentant des
difficultés sérieuses de détails ou de solutions, mais suscep-
tibles d'être par lui souverainement jugées, — il cède
(cela se voit partout, et peut se voir dans notre colonie) à
une tentation de paresse, de négligence, d'inattention ou
d'ennui, — ne pressentez-vous pas que, despotiques ou ar-
bitraires, peu importe! ses sentences seront nécessairement
empreintes d'un esprit de regrettable légèreté, ou d'un
caractère d'injustice plus regrettable encore? Triste résultat sans doute, et d'autant plus fu   té que sa position de
juge unique le rendra plus fréquent, et en empêchera presque toujours toute constatation et tout contrôle!

D'où il est naturel de conclure que bonne en soi, l'*unicité* du juge de paix pourra, dans bien des cas, cesser de
l'être, si ce magistrat ne joint aux conditions d'intelligence
indispensables pour apprécier sainement des questions de
fait et de droit, les conditions de conscience magistrale et
de moralité judiciaire, non moins indispensables pour faire
à ces questions une juste application de la loi.

IX.

Arrivons maintenant au *noviciat* qu'il serait, suivant
nous, utile d'exiger de tout candidat à la justice de paix.
Une simple observation nous suffira sur ce point.
En dépit d'un dicton bien connu, nous douterions volontiers qu'on naisse poète; mais nous croyons fermement
qu'on ne naît pas magistrat. — On le devient, — comme
on devient orateur. — Quoi donc! à qui se destine à un

métier, à un art libéral, à l'Administration, au Barreau, à une profession quelconque, on demande impérieusement un apprentissage, des études spéciales, un surnumérariat, une cléricature, un stage, une préparation pratique ! Et au magistrat qui, de toutes les fonctions judiciaires, veut exercer celles qui, nous l'avons démontré, exigent le plus de qualités et de vertus, vous n'imposeriez aucun essai, aucune épreuve préalable !!! — Eh ! par quel privilége étrange, par quelle flagrante dérogation aux règles de la logique et du bon sens, la justice de paix pourrait-elle donc échapper à la loi commune ?

Non ! mille fois non ! Aux yeux de quiconque juge des choses à un point de vue élevé, — parce qu'elles peuvent et doivent toujours être, plutôt que parce qu'elles sont à un moment donné, — un magistrat ne s'improvise pas, et un juge de paix moins que tout autre !

Essayez d'une pareille improvisation ! et je laisse au magistrat, sujet de votre expérience, le soin de vous apprendre lui-même si cette improvisation est possible, sans une série d'hésitations, de tâtonnements, et trop souvent d'erreurs au détriment de gens à qui il doit prompte et bonne justice !

Ne contestez donc pas la haute utilité d'un noviciat préalable ! Il tient à la nature des choses ; et si l'usage général, en France et même en Algérie, est en contradiction avec nos vœux à cet égard, qu'on s'en prenne uniquement aux idées par trop pastorales, aux entraînements par trop romanesques de l'Assemblée législative.

Mais à quel noviciat soumettrons-nous notre candidat à la justice de paix ?

Pour ne pas anticiper sur ce que nous dirons bientôt des conditions spéciales de capacité et des aptitudes particulières qui doivent, suivant nous, caractériser un vrai juge de paix algérien, et lui tenir lieu de noviciat *théorique et moral*, bornons-nous à énoncer, dès à présent, qu'en *thèse générale*, ce noviciat, tout *pratique* et tout *judiciaire*, pourra consister — ou dans l'assistance, pendant un temps déterminé et qui ne sera pas de moins d'un an, aux audiences d'une justice de paix de grande ville ou à compétence étendue, — ou dans la pratique même des fonctions de juge de paix comme juge suppléant, dans un chef-lieu de canton important, — ou enfin dans l'exercice d'autres fonctions judiciaires d'un ordre plus élevé.

Mais qu'on ne l'oublie pas ! ce n'est pas sans raison que nous avons dit en *thèse générale* : c'est que le principe nous que venons de poser ne saurait rien avoir d'inflexible ni d'absolu, et nous verrons plus bas qu'il est des cas exceptionnels où l'on pourra sans crainte se départir de son application rigoureuse.

X

Un mot maintenant sur la capacité, l'âge et la position sociale que nous demanderions à tout juge de paix, mais, en particulier, au juge de paix d'Algérie.

Qu'on se reporte à ce que nous avons dit sur les qualités et les vertus d'un juge de paix en général, et sur la situation matérielle et morale de notre colonie dans ses rapports avec la justice de paix, et on arrivera forcément à cette conviction que ce magistrat n'atteindra que très incomplétement le but de sa mission, s'il n'est homme d'initiative, s'inspirant des besoins et des tendances du pays — connaissant son passé — se préoccupant de son avenir — comprenant le rôle éminemment civilisateur de la loi et de la justice françaises, au milieu de ses populations si diverses, — sachant, suivant les circonstances de temps, de lieux et de personnes, ce qu'il convient de faire ou d'éviter, pour ne pas se heurter contre les préjugés, les mœurs, la religion, les idées de certains justiciables, — vouant, dans ce but, à l'étude des langues parlées par eux, et principalement de la langue des Indigènes, le peu de temps que lui laisseront ses multiples et laborieuses fonctions, — s'appliquant avec soin au discernement du caractère respectif des mille justiciables différents de nationalité, d'habitudes et de langage, qui, à chaque instant du jour, tantôt pour un conseil, tantôt pour un renseignement, tantôt pour un jugement, tantôt pour une conciliation, assiégeront sa demeure ou son prétoire, — ne négligeant rien enfin de ce qui le mettra à même de pénétrer au fond de tout ce qu'il y aurait d'indélicat, de faux, de frauduleux, et d'illicite dans des conventions ou des faits revêtus des apparences trompeuses de la légalité, de la vérité et de la bonne foi.

Tels seraient, en effet, les éléments constitutifs de la capacité *morale* d'un juge de paix d'Algérie — capacité non moins nécessaire, croyez-le bien, que la capacité *intellectuelle* ou *juridique.*

Pour ce qui est de cette dernière, nous voudrions que, sans préjudice de ce que nous avons dit de l'utilité d'un noviciat judiciaire et spécial, elle continuât d'être généralement garantie par un diplôme de licencié en droit, lequel, personne ne l'ignore, pour ne prouver le plus souvent qu'une chose, savoir que celui qui en est pourvu n'a guère *appris qu'à apprendre*, n'en est pas moins, dans une foule de circonstances, le seul *criterium* authentique de cette capacité.

Mais gardons-nous de penser qu'à défaut de ce *signe* universitaire de capacité juridique, il ne puisse jamais être permis de se contenter de sa *réalité expérimentale*.

Nous appelons ainsi un ensemble de faits patents, notoires, concluants, qui démontrent à tout esprit sérieux que, tant au point de vue théorique que pratique, cette capacité se rencontre à un degré peu commun chez quelques-unes de ces natures d'élite, moins rares qu'on ne pense dans les colonies, qui n'ont pourtant pas pris leurs grades dans une Faculté de droit. — Eh bien ! nous le demandons à quiconque a vu à l'œuvre certains gradués, voire même licenciés en droit d'une part, et certains praticiens purs et simples de l'autre, pourquoi ne pas traiter ceux-ci à l'instar des juges de paix de France qui n'ont aucun diplôme, alors d'ailleurs qu'il est certain (nous pourrions en citer plus d'un exemple), qu'à raison de leur entente et de leur expérience des affaires, de leur connaissance des hommes et des choses, de l'exercice de certaines fonctions quasi-judiciaires, de leur long séjour dans le lieu même où siège la justice de paix — et surtout de l'estime et de la confiance dont les honorent leurs concitoyens, ils sont unanimement désignés par l'opinion publique et locale comme les plus capables et les plus dignes de remplir la mission du juge de paix dans leur canton ? Est-ce que, dans ce cas, le bon sens, de concert avec l'intérêt général, ne veut pas que les hommes à capacité incontestable et réelle soient, à bien des égards, préférés à tels candidats diplômés dont la capacité serait contestable et problématique?

Voilà pour la capacité : passons aux conditions d'âge et de position sociale.

XI.

Il est de toute évidence que d'ordinaire l'homme, qui, pour garanties d'expérience, de sagesse, d'équité — d'impartialité et de justice, — présenterait sinon « des cheveux blancs, » comme l'ont demandé d'excellents esprits, pour les juges de paix, de territoires militaires, tout au moins un âge mûr ou assez avancé, de quarante à soixante ans, — autant que possible, une fortune indépendante, — un foyer domestique, et autant que possible conjugal, conviendrait mieux aux fonctions de la justice de paix qu'un jeune homme de vingt-cinq à trente ans, ou un homme jeune encore, mais sans fortune, qui, ne trouvant ni dans la vie de famille, ni dans le mariage, ce qu'il chercherait vainement dans le seul sentiment de son devoir et dans le désir sincère de l'accomplir, — le moyen et la force de lutter victorieusement contre l'influence d'un climat physiquement et moralement énervant pour plusieurs, et les appâts de passions dangereuses pour tous, et même, dit-on, presque irrésistibles pour quelques-uns dans notre colonie, serait chaque jour exposé à des dangers d'autant plus redoutables, que tout en lui et autour de lui, convenons-en, tendrait à l'excuser, que dis-je? à l'absoudre, oui, à l'absoudre du tort d'y avoir succombé!

Et pourtant, pour ne parler ici que d'une passion bien autrement pernicieuse en Algérie qu'en France, parce qu'ici, à ses deux complices naturels, la jeunesse et l'isolement, s'en joint un troisième qui est le climat, — quels soupçons de condescendance coupable, de faiblesse honteuse, d'aveuglement volontaire, d'erreurs et de prévarications déplorables, ne ferait-elle pas planer sur le juge de paix qui en serait victime? Et de là, quelle déconsidération, quel échec pour la justice par le fait personnel de son représentant, si celui-ci ne sait ni résister à ses attraits, ni en éviter les dangers!... Nous nous adressons à des lecteurs intelligents et graves, qui apprécient comme ils le doivent, la haute importance d'une irréprochable pureté de mœurs chez tout magistrat, et avant tout, chez ce juge unique, qu'on nomme juge de paix! *Intelligentibus pauca!*

Mais à quoi bon notre noviciat, pris dans son sens le plus compréhensif, à quoi bon ces conditions d'âge et de position sociale, si tout cela n'était accompagné de ce cortège d'aptitudes spéciales, de dispositions naturelles ou acquises, que nous croyons avoir suffisamment indiquées en traçant le portrait idéal du juge de paix?

Qu'on y songe sérieusement! Un juge de paix d'Algérie n'est pas, comme un juge de paix de France, soutenu dans son rude et incessant labeur par ce je ne sais quoi de fortifiant et d'encourageant, — heureuse résultante de bonnes mœurs, d'habitudes régulières, de la marche normale des hommes et des choses, qui le pousse, pour ainsi dire à son insu, vers l'entier accomplissement de sa mission. A combien de tentations, de défaillances, d'ennuis et de dégoûts ne sera-t-il pas en proie si, de même que la plupart de ses collègues, il habite un chef-lieu de canton isolé, éloigné de tout chef-lieu judiciaire, où il n'aura que rarement, nous dirions presque jamais, l'occasion de se mettre en contact avec d'autres magistrats, et de se retremper dans un milieu judiciaire ! Que l'on consulte les annales de notre magistrature, ou plutôt les annales de la nature humaine, telle que chaque homme la sent au-dedans de lui-même, avec son penchant vers le mal et sa répugnance pour la pratique du bien, — et qu'on nous dise, si, tant dans l'intérêt du juge que dans celui des justiciables, nous nous montrons trop exigeant et trop sévère, en demandant du candidat à la justice de paix, une vocation naturelle, et le germe des aptitudes qu'elle suppose !

Au premier rang de ces aptitudes, plaçons cette humeur paisible et ce caractère équitable et pacificateur sans lesquels, tout en se dévouant à ses fonctions avec zèle et intelligence, le juge de paix algérien ne fera pas tout le bien qu'il est appelé à faire dans la double sphère des jugements et des conciliations.

Malheur à lui s'il n'apporte pas dans tout ce qui se rattache au but suprême de sa mission, l'équité et la paix, ces façons de parler et d'agir qui, se pliant avec une louable habileté, aux besoins des circonstances, à l'humeur, au caractère et au véritable intérêt des parties, les amènent par des voies que lui seul connaît, au résultat qu'il veut atteindre ; une sentence d'équité plutôt que de droit, ou une transaction amiable !

Essaierons-nous d'indiquer, en outre, tout ce qu'il faut de *liant*, de discours persuasifs, de douce et patiente philosophie au magistrat qui tout à la fois, juge et conciliateur, obligé de décider suivant le droit et de faire une large part à l'équité, se trouve en face de deux parties, quelquefois également déraisonnables, et dont l'une, au moins, a toujours contre l'autre des prétentions exagérées ou injustes ? Mais nous renonçons à décrire l'art avec lequel le magistrat devra les incliner peu à peu vers une manière de voir qui n'est d'abord celle d'aucune d'elles, et que l'une et l'autre finiront par adopter, grâce aux lumières, au bon esprit et à l'ascendant moral du magistrat.

XII.

Après avoir exposé ce qu'est un juge de paix, ce qu'il doit être, les qualités particulières que doit réunir un juge de paix algérien, il nous resterait, pour compléter notre travail sur les Justices de paix, à parler des obstacles personnels qui, en Algérie, comme dans toutes les colonies, s'opposent au bien qu'on a le droit d'en attendre. Nous aurions à traiter des agents d'affaires, non de tous indistinctement (à Dieu ne plaise que nous confondions le bon grain avec l'ivraie !) mais de ceux que Dumoulin, dans son franc et énergique langage, a si justement stigmatisé du nom de *vultarii non togati*, vautours sans toge de la justice. — Mais nous aimons mieux leur consacrer une Étude spéciale.

Terminons donc celle-ci par quelques considérations touchant la place accordée au juge de paix dans notre hiérarchie judiciaire.

Cette place, tout le monde le sait, s'en étonne et s'en plaint, elle est bien humble et bien étroite. C'est à peine si dans l'opinion publique et même dans le langage officiel, le juge de paix est réputé magistrat au même titre que les membres plus élevés de la magistrature. — C'est là, à notre avis, une faute et une erreur : une *faute*; car, à moins qu'on ne conteste l'utilité et l'étendue des services rendus depuis son institution par la justice de paix, tout s'accorde, nous l'avons prouvé, à réclamer impérieusement pour elle, un rang plus en harmonie avec la grandeur et les difficultés de sa tâche ; il est convenable, il est utile, il est juste, il est *nécessaire* que le juge de paix soit désormais partout, mais surtout en Algérie, plus considéré, et par voie de conséquence, mieux rétribué. Car, il est triste de l'avouer, mais la vérité nous y oblige : chez nous, la considération, ce bien tout aussi précieux pour le Français que l'*existimatio* l'était pour les Romains, il nous paraît impossible, malgré plus de soixante ans de préjugés et de routine, qu'on ne comprenne pas enfin avec l'un des rapporteurs de la loi de 1838, qu'il y a prudence en même temps qu'équité à songer sérieusement à améliorer le sort des juges de paix.

Voulez-vous voir leurs fonctions passer entre les mains d'hommes doués de toutes les qualités voulues par la loi et par la raison, pour les exercer le plus parfaitement, ou mieux, le moins imparfaitement possible ? Offrez-leur une perspective d'honneur, de considération, une rétribution, un traitement qui les élève, dans la pensée de tous, à la hauteur des magistrats d'un ordre supérieur ! Alors, mais qu'on le sache bien, alors seulement, la justice de paix sera ce qu'elle doit être, — un but et non pas un moyen, une statue, qu'on nous permette cette image, et non pas un simple piédestal ! Alors au lieu de se *résigner* tristement à en accepter les fonctions, on ira, on volera au-devant d'elle, et elle deviendra l'objet de plus d'une ambition. Alors enfin, loin de commencer par la justice de paix la carrière judiciaire, c'est par la justice de paix que plus d'un magistrat sera heureux de la finir!